Bibliografische Information der Deutschen Nationalbibliothek:

Die Deutsche Bibliothek verzeichnet diese Publikation in der Deutschen National-
bibliografie; detaillierte bibliografische Daten sind im Internet über http://dnb.d-
nb.de/ abrufbar.

Dieses Werk sowie alle darin enthaltenen einzelnen Beiträge und Abbildungen
sind urheberrechtlich geschützt. Jede Verwertung, die nicht ausdrücklich vom
Urheberrechtsschutz zugelassen ist, bedarf der vorherigen Zustimmung des Verla-
ges. Das gilt insbesondere für Vervielfältigungen, Bearbeitungen, Übersetzungen,
Mikroverfilmungen, Auswertungen durch Datenbanken und für die Einspeicherung
und Verarbeitung in elektronische Systeme. Alle Rechte, auch die des auszugsweisen
Nachdrucks, der fotomechanischen Wiedergabe (einschließlich Mikrokopie) sowie
der Auswertung durch Datenbanken oder ähnliche Einrichtungen, vorbehalten.

Impressum:

Copyright © 2009 GRIN Verlag, Open Publishing GmbH
Druck und Bindung: Books on Demand GmbH, Norderstedt Germany
ISBN: 9783640663897

Dieses Buch bei GRIN:

http://www.grin.com/de/e-book/153519/ssl-vpn-grundlagen-und-anwendungsmoeg-
lichkeiten

Harald Bachner

SSL-VPN: Grundlagen und Anwendungsmöglichkeiten

Network Defense und VPN Technologies

GRIN Verlag

Hausarbeit

im Fach
Network Defense und VPN Technologies

SSL-VPN

ausgeführt von

Harald Bachner, BSc.

Wien, 30. 9. 2009

Ausgeführt an der Fachhochschule Campus Wien
Studiengang IT-Security

Kurzfassung

In den letzten Jahren hat sich SSL-VPN zu einer ausgereiften Technologie gewandelt und mehr und mehr Verbreitung gefunden.

Ein universeller und flexibler Remote Zugang, kryptographisch nach dem Stand der Technik abgesichert, in Verbindung mit billigen Betriebskosten: das ist immer mehr ein Muss in den heutigen IT Landschaften.

Zurzeit existiert kein offizieller Standard für SSL-VPN Technologien. Viele Hersteller implementieren daher unterschiedliche und zum Teil auch proprietäre Lösungen.

Diese Arbeit erklärt die SSL-VPN Technologie und erläutert die Vielfalt der unterschiedlichen Lösungsansätze.

Inhalt

1. Einleitung

"The primary goal of the SSL Protocol is to provide privacy and reliability between two communicating applications."
(Freier et.al, 1996, INTERNET-DRAFT SSL 3.0, Kaptitel 1, Introduction)

Lipp (2006) vermutet, dass es den Begriff SSL-VPN heute gar nicht gäbe, wenn sich die Leute damals intensiver mit den inhaltlichen Teilen des SSL-Draft-RFC[1], des TLS-RFC[2] und der IPsec Roadmap[3] auseinander gesetzt hätten. Eine ganze Reihe von Missverständnissen und überflüssige Diskussionen wären ausgeblieben.

Vor einigen Jahren begann eine aggressive Vermarktung von SSL-VPN und manche fragten sich, ob das Ende von IPsec in Sicht sei (Ferrigni, 2003). Unternehmen, die SSL-VPN-Gateways vertrieben, zielten mit ihrer Marketingstrategie darauf ab, IPsec durch ihre SSL-Plattformen abzulösen (Lipp). Experten erkannten zwar den Unfug, denn die Ausrichtung der Protokolle IPsec und SSL könnte unterschiedlicher nicht sein: IPsec arbeitet applikationstransparent auf der Netzebene und SSL applikationsbezogen zwischen der Transportebene (TCP) und der Applikationsebene und damit unterstützt SSL selbst auch kein Tunneling - eine der Haupteigenschaften von VPN.

Zeitkritische Applikationen, die auf UDP aufbauen, wie z.B. Voice over IP und Video Conferencing, bekommen im SSL-VPN die für sie negativen Eigenschaften von TCP aufgezwungen. Verloren gegangene Pakete werden dadurch wiederholt gesendet, obwohl sie der Empfänger nicht mehr brauchen kann.

Dennoch schwärmten viele blindlings von SSL-VPN. Also was sind dann die tollen Eigenschaften dieser Technologie? Damit beschäftigt sich die vorliegende Arbeit.

---

[1] http://www.mozilla.org/projects/security/pki/nss/ssl/draft302.txt
[2] http://www.ietf.org/rfc/rfc2246.txt
[3] http://csrc.nist.gov/archive/ipsec/papers/rfc2411-roadmap.txt

2. Grundlagen und Begriffsbestimmungen

2.1. Was ist SSL?

SSL ist eine Entwicklung von Netscape mit dem Ziel, das HTTP-Protokoll kryptographisch abzusichern. So sollte die Möglichkeit geschaffen werden, sensible Daten geschützt übertragen zu können. Deshalb wurde das SSL Protokoll auch zwischen dem TCP-Protokoll und der Applikationsebene etabliert.

Die IETF hat auf Basis von SSL Version 3.0 einen Standard verabschiedet, dieser heißt TLS (Transport Layer Security) Version 1.0 (RFC 2246). Die Unterschiede zu SSL sind gering, bewirken aber trotzdem, dass TLS 1.0 und SSL 3.0 nicht kompatibel sind. Praktisch können jedoch fast alle TLS-Implementierungen in einem Kompatibilitätsmodus arbeiten (Lipp)

2.1.1. Kryptographie in SSL

Folgende Abbildung zeigt nun den Aufbau einer SSL Session. Die optionalen Komponenten sind hierbei mit einem Stern (*) gekennzeichnet:

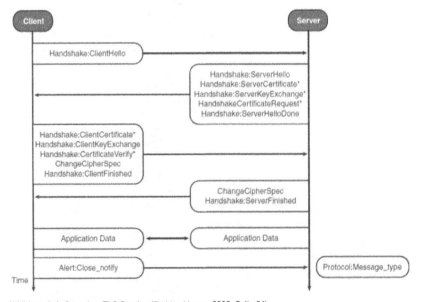

Abbildung 1: Aufbau einer TLS Session (Frahim, Huang, 2008, Seite 54)

Zuerst erfolgt eine Verständigung über die zu verwendeten Chiffrierverfahren und eine Server Authentifizierung. In einem typischen HTTPS Verbindungsaufbau wird nur der Server authentifiziert und der Browser authentifiziert sich nicht. Falls User authentifiziert werden müssen, so wird dies meist an die Applikationsebene delegiert.

Beidseitige Authentifizierung ist laut Spezifikation möglich und wird vor allem in SSL-VPN verwendet.

Der Client schickt dann das selbstgenerierte Pre-Master Secret, verschlüsselt mit dem Public Key des Servers, an den Server. Dieser entschlüsselt mit seinem Private Key und beide können nun den Master Key und folgend auch den symmetrischen Session Key erzeugen. Nun können die Nutzdaten übertragen werden.

Bei SSL können vorangegangene Sessions wieder aufgenommen werden (Session Persistence mittels Session-Cookies). Es ist auch möglich, weitere Verbindungen innerhalb einer Session zu erzeugen, ohne nochmals das aufwändige Public/Private-Key Verfahren zu durchlaufen.

Im Gegensatz zu IPsec und IKE, die ihre Algorithmen unabhängig voneinander festlegen, wird bei SSL immer mit einer fixen Kombination aus Verschlüsselungs-, Schlüsselerzeugungs- und Hashverfahren gearbeitet, die als Cipher Suites bezeichnet werden.

Einige der Cipher Suites, die in SSL 3.0 spezifiziert sind (rot markiert in der folgenden Tabelle), sind heutzutage untauglich für sichere Kommunikation: Die mit dem String „Export" im Namen stammen aus einer Zeit, in der die NSA (National Security Agency) ernsthaft glaubte, die Sicherheitslevel der Cipher Suites weltweit diktieren zu können. Man beachte, dass es auch eine Cipher Suite ohne Verschlüsselung, Authentifizierung und Integritätsprüfung gibt (SSL_NULL_WITH_NULL_NULL). Diese wird standardmäßig verwendet bevor die endgültige Cipher Suite ausgehandelt wird.

Wer TLS 1.0 mit SSL 3.0 vergleicht, wird bemerken, dass Fortezza in TLS 1.0 nicht mehr vorkommt. Der Grund dafür ist u.a., dass Fortezza nicht offengelegt ist und dadurch von vielen Kryptoanalytikern abgelehnt wird. (Lipp)

Cipher_Suite	Key Exchange	Cipher	Hash
SSL_NULL_WITH_NULL_NULL	NULL	NULL	NULL
SSL_RSA_WITH_NULL_MD5	RSA	NULL	MD5
SSL_RSA_WITH_NULL_SHA	RSA	NULL	SHA
SSL_RSA_EXPORT_WITH_RC4_40_MD5	RSA-512	RC4-40	MD5
SSL_RSA_WITH_RC4_128_MD5	RSA	RC4-128	MD5
SSL_RSA_WITH_RC4_128_SHA	RSA	RC4-128	SHA
SSL_RSA_EXPORT_WITH_RC2_CBC_40_MD5	RSA-512	RC2 40 Bit	MD5
SSL_RSA_WITH_IDEA_CBC_SHA	RSA	IDEA	SHA
SSL_RSA_EXPORT_WITH_DES40_CBC_SHA	RSA-512	DES 40 Bit	SHA
SSL_RSA_WITH_DES_CBC_SHA	RSA	DES 56 Bit	SHA
SSL_RSA_WITH_3DES_EDE_CBC_SHA RSA Triple-DES SHA	RSA	Triple-DES	SHA
SSL_DH_DSS_EXPORT_WITH_DES40_CBC_SHA	D/H-512, DSS	DES 40 Bit	SHA
SSL_DH_DSS_WITH_DES_CBC_SHA	D/H, DSS	DES 56 Bit	SHA
SSL_DH_DSS_WITH_3DES_EDE_CBC_SHA	D/H, DSS	Triple-DES	SHA
SSL_DH_RSA_EXPORT_WITH_DES40_CBC_SHA	D/H-512, RSA	DES 40 Bit	SHA
SSL_DH_RSA_WITH_DES_CBC_SHA	D/H, RSA	DES 56 Bit	SHA
SSL_DH_RSA_WITH_3DES_EDE_CBC_SHA	D/H, RSA	Triple-DES	SHA
SSL_DHE_DSS_EXPORT_WITH_DES40_CBC_SHA	Ephemeral D/H-512, DSS	DES 40 Bit	SHA
SSL_DHE_DSS_WITH_DES_CBC_SHA	Ephemeral D/H, DSS	DES 56 Bit	SHA
SSL_DHE_DSS_WITH_3DES_EDE_CBC_SHA	Ephemeral D/H, DSS	Triple-DES	SHA
SSL_DHE_RSA_EXPORT_WITH_DES40_CBC_SHA	Ephemeral D/H 512 Bit	DES 40 Bit	SHA
SSL_DHE_RSA_WITH_DES_CBC_SHA	Ephemeral D/H, RSA	DES 56 Bit	SHA
SSL_DHE_RSA_WITH_3DES_EDE_CBC_SHA	Ephemeral D/H, RSA	Triple-DES	SHA

SSL_DH_anon_EXPORT_WITH_RC4_40_MD5	Anonymous D/H, no signature	RC4-40	MD5
SSL_DH_anon_WITH_RC4_128_MD5	Anonymous D/H, no signature	RC4-128	MD5
SSL_DH_anon_EXPORT_WITH_DES40_CBC_SHA	Anonymous D/H, 512 Bit , no signature	DES 40 Bit	SHA
SSL_DH_anon_WITH_DES_CBC_SHA	Anonymous D/H, no signature	DES 56 Bit	SHA
SSL_DH_anon_WITH_3DES_EDE_CBC_SHA	Anonymous D/H, no signature	Triple-DES	SHA
SSL_FORTEZZA_KEA_WITH_NULL_SHA	Fortezza_KEA	NULL	SHA
SSL_FORTEZZA_KEA_WITH_FORTEZZA_CBC_SHA	Fortezza_KEA	Fortezza_CBC	SHA
SSL_FORTEZZA_KEA_WITH_RC4_128_SHA	Fortezza_KEA	RC4 128 Bit	SHA

Abbildung 2: Standard Cipher Suites von SSL 3.0 (nach INTERNET-DRAFT, SSL 3.0, Seite 46)[4]

2.2. Was ist ein VPN?

In einem virtuellen privaten Netzwerk (VPN) werden öffentliche Netze verwendet, um private Daten zu transportieren. Am Übergangspunkt ins VPN werden die Daten im VPN-Protokoll eingepackt und auf der anderen Seite wieder ausgepackt.

Diese historische Definition fordert keinerlei Verschlüsselung, Authentifizierung und Integritätsprüfung. Somit ist es zulässig (und leider auch noch üblich), ISDN-, Frame Relay-, ATM- und die heute sehr beliebten MPLS-Netze als VPN zu bezeichnen.

Dies sorgt für Verwirrung, wenn man dann den VPN Begriff enger auffasst, wie dies neuerdings oft gemacht wird, und unter VPN hauptsächlich kryptographisch abgesicherte Verbindungen über IP (wie z.B. IPsec und TSL/SSL) versteht.

2.2.1. Hauptanwendungsmöglichkeiten

- Site-to-Site VPN (oder auch Branch Office VPN)
  Die lokalen Netze von mehreren Standorten sind (virtuell) über das Internet verbunden.

- Remote Access VPN
  Ermöglicht Mitarbeitern von zu Hause oder sonst wo in der Welt, eine gesicherte Verbindung ins Firmennetzwerk herzustellen.

---

[4] http://www.mozilla.org/projects/security/pki/nss/ssl/draft302.txt, Seite 46

3. SSL-VPN

Ein SSL-VPN verwendet nun SSL/TLS als Verschlüsselungsprotokoll, um den Transport privater Daten abzusichern. SSL kennt nach Lipp prinzipiell kein Tunneling und kann daher keine virtuellen Verbindungen oder Pfade abbilden. Daraus folgt, dass es eigentlich keine VPN Technologie sein kann. Wenn man das Thema aber auf die sichere Übertragung zwischen zwei Applikationen reduziert, dann kann man SSL sehr gut für Remote-Access oder Extranet verwenden.

Selbst in der einfachen **„Browser Modus"** Variante eines **HTTP Application Proxy** muss aber der SSL-VPN Gateway die Applikationsdaten inspizieren und modifizieren.

HTTP Application Proxy

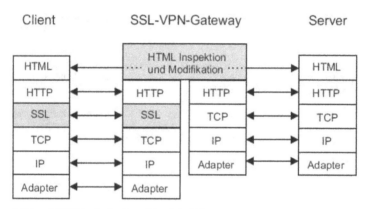

Abbildung 3: HTTP Application Proxy (Lipp, Seite 283)

Die Webbrowser der Benutzer kommen hier ohne Plug-Ins / Java / ActiveX aus. Daher spricht man hier auch von einem **Clientless System.** Da keinerlei Installation notwendig ist, funktioniert es von jedem Internet Cafe aus.

Flexibler wird es, wenn der Gateway bei bestimmten Applikationen deren Anwendungsprotokolle in HTML übersetzt. Bei Verwendung dieser **Application Translation** bedarf es jedoch einer Einschulung der Benutzer. Diese müssen wissen, wo und wie (z.B. über Portal-Link) die Applikation zu starten ist. (Lipp)

Frahim, Huang bezeichnen die beiden bisher beschriebenen Methoden auch als **Reverse Proxy**.

Application Translation

z.B. Filesharing (CIFS <-> HTML)

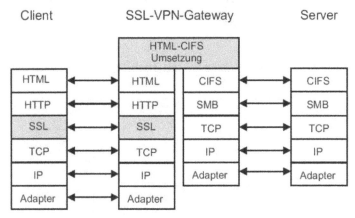

Abbildung 4: Vollständige Übersetzung einer Anwendung in HTML (Lipp, Seite 284)

Wird die Browserfunktionalität durch **Plug-In Installation** bzw. durch die Verwendung von **Java Applets** erweitert (**Enhanced Browser Mode** bzw. **Thin Client** Lösung), dann können andere Applikationen mittels Port Forwarding Zugriff aufs VPN erhalten.

Port Forwarding

(Circuit Level Proxy)

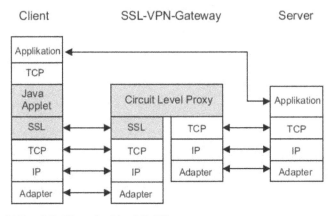

Abbildung 5: Port Forwarding (Lipp, Seite 285)

Diese **Port Forwarder Lösung** bietet aber weiterhin nur limitierten Zugang zu statischen, serverbasierten TCP-Applikationen (Frahim, Huang).

Soll auch „Windows Terminal Service", VNC oder Citrix funktionieren, dann braucht es **Fat Client** Lösungen mit einer speziellen Client-Software. Hierbei wird meist ein virtuelles Netzwerkinterface oder ein lokaler Socks-Proxy installiert, um darüber dann die Kommunikation zum SSL-VPN Server abzuwickeln. Der Client wird transparent im Zielnetzwerk integriert. (Feilner, 2006).

Socks-based Tunneling

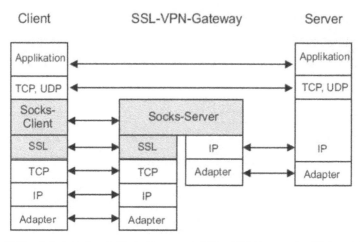

Abbildung 6: Socks-basierende Clients: Transparenter TCP und UDP Transport über SSL (Lipp, Seite 285)

Virtueller Adapter

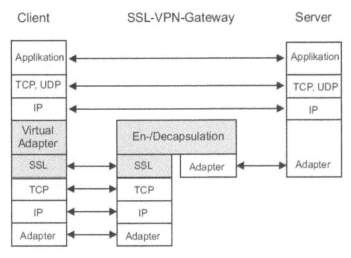

Abbildung 7: SSL-Clients auf Basis eines virtuellen Adapters. (Lipp, Seite 287)

Somit können TCP, UDP und teilweise auch andere IP-Pakete durch den auf TCP aufbauenden SSL Tunnel geschickt werden.

Beispiele für entsprechende Clientsoftware sind der OpenVPN Client[5] und der Cisco AnyConnect Client[6].

Die VPN Server können die Clients beim Verbindungsaufbau Sicherheitschecks unterziehen. Es kann z.B. erkannt werden, ob die Kommunikation vom Unternehmensnotebook oder vom Rechner eines Internet Cafe aus erfolgt. Abhängig davon können dann unterschiedliche Berechtigungen für den Zugriff auf Ressourcen vergeben werden.

Der SSL-VPN Hersteller Cisco unterscheidet bei den Fat Client Lösungen auch noch zwischen der „Integrated Terminal Services" Lösung und der „Tunnel Client" Lösung. Bei ersterer bedarf es weniger administrativer Rechte am (Windows-)Client System, um die Installation durchzuführen (Frahim, Huang). Die Tunnel Client Lösung ist dagegen für User gedacht, denen man Vollzugriff auf die Netzwerk Ressourcen geben will. Damit verbunden ist der Nachteil, dass man hier Access Control nicht mehr so fein granular steuern kann.

Bleibt nur noch das leidige UDP Thema mit all den Realtime-Applikationen, die wegen der durch SSL bedingten hohen Jitter Werte nicht funktionieren. Nun, hier gibt es neuerdings eine positive Entwicklung: DTLS.

---

[5] http://www.openvpn.net/
[6] http://www.cisco.com/

3.1. Datagram Transport Layer Security (DTLS)

Das Verschlüsselungsprotokoll DTLS wurde 2004 entworfen und ist seit 2006 im RFC 4347[7] standardisiert. Es baut auf TLS auf und bietet die Möglichkeit der Übertragung über UDP.

Die Pakete werden durchnummeriert, um Pakete, die in einer anderen Reihenfolge als verschickt ankommen, zu erkennen und um Replay Attacken blocken zu können. Um mit Paketverlusten umgehen zu können, muss auf den Einsatz von Streamciphern (wie RC4) verzichtet werden. (Modadugu, Rescorla, 2004)[8].

Seit 2005 ist DTLS Teil von OpenSSL[9]. Die ersten SSL-VPN Gateway Hersteller wie z.B. Cisco beginnen DTLS in ihren Lösungen zu integrieren. Somit ist künftig mit einem größeren Einsatz vor allem im VoIP Bereich zu rechnen.

3.2. SSL-VPN Security

Bedingt durch die mangelnde Vertrauenswürdigkeit von nicht gemanagten Computern in Internet Cafes etc., ist man mit einem viel größeren Bedrohungspotential als sonst konfrontiert.

Frahim, Huang listen folgende sicherheitskritische Problemzonen auf:

- Diebstahl von Browser Cache, Browser History und Cookie Daten
- Im Browser gespeicherte Formulardaten und Passwörter
- Software Keylogger / Trojaner
- Man-in-the-Middle Attacken
- Attacken auf Webapplikationen (SQL Injection, Cross Scripting, Buffer Overflows, Directory Traversal Attacken)
- Split Tunneling: Gibt dem User gleichzeitig Access zum VPN als auch ins Internet. Angreifer könnten vom Internet via Client PC in den SSL-VPN Tunnel gelangen. Wenn Split Tunneling abgedreht ist, haben aber die User z.B. das Problem auf einem lokalen Drucker nicht drucken zu können, da dieser nicht über den SSL-Tunnel erreichbar ist. (siehe folgende Abbildung)

[7] http://tools.ietf.org/rfc/rfc4347.txt
[8] http://crypto.stanford.edu/~nagendra/papers/dtls.pdf
[9] http://crypto.stanford.edu/~nagendra/projects/dtls/dtls.html

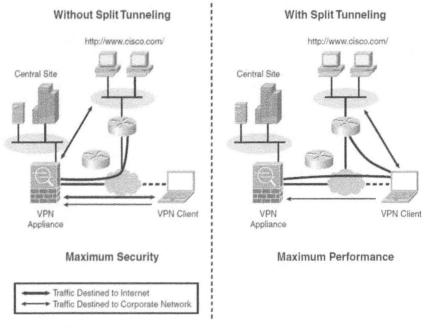

Abbildung 8: SSL VPN Access Methoden (Frahim, Huang, Seite 93).

- Passwort Attacken
- Die Verbreitung von Würmern, Trojanern und Viren vom Remote Computer ins internen Netz

Gegen die meisten der aufgeführten Bedrohungen bieten die heutigen SSL-VPN Systeme schon Schutz. Dass man gegen einen nur 28 Euro kostenden Hardware Keylogger, der in der Tastatur eingebaut ist (bestellbar bei der Firma Keelog[10] in Wroclaw, Polen), wenig anrichten kann, muss aber allen bewusst sein.

3.3. Zusammenfassung

SSL-VPNs sollen einerseits ohne Installation von Clientsoftware arbeiten, aber anderseits ist für eine transparente TCP- und UDP-Übertragung ein Client notwendig. Die Hersteller haben viele unterschiedliche und zum Teil proprietäre Lösungen entwickelt: Sie nutzen dynamisch nachgeladene ActiveX Controls und Java Applets oder entscheiden sich trotz allem für die Verwendung von Clientsoftware.

Hier nochmals ein Vergleich der SSL-VPN Modi bezüglich der benötigen Administrativen Rechte am Client, ihrer Einsetzbarkeit, Access Level und Granularität möglicher Zugangsbeschränkungen.

---

[10] http://www.keelog.com/de/

	Client-Side Agent Required	User Privilege Required	Access Ubiquity	Level of Access	Granular Access Control
Reverse-proxy	No	No	Most ubiquitous	Limited to applications that can be adapted to the web	Very granular application-level control
Port forwarding	Yes; Java applet or ActiveX control	Standard user; administrative privilege sometimes required	Medium	Limited mostly to static server-based TCP applications	Medium; controls client/ server application access
Integrated terminal services	Yes	Might require administrative privilege	Medium; mainly Windows systems	Windows Terminal service, Citrix, VNC	Medium; provide only terminal services
Tunnel client	Yes	Typically requires administrative privilege to install the client for the first time	Least ubiquitous; usually limited to corporate-owned/trusted systems	Network-layer access; supports almost all applications	Low

Abbildung 9: SSL VPN Access Methoden (Frahim, Huang, Seite 64).

4. Abbildungsverzeichnis

5. Literaturverzeichnis

Dierks, T., Allen, C., 1999. RFC 2246 - The TLS Protocol Version 1.0, Online verfügbar unter: http://www.ietf.org/rfc/rfc2246.txt, Stand: 1. 10. 2009

Eronen, P., Tschofenig, H., 2005. RFC 4279. PSK Ciphersuites for TLS. Online verfügbar unter: http://www.ietf.org/rfc/rfc4279.txt, Stand: 1. 10. 2009

Feilner, M., 2006. OpenVPN - Building and Integrating Virtual Private Networks. Birmingham: Packt Publishing

Ferrigni, S., 2003. SSL Remote Access VPNs. Is this the end of IPsec? SANS Institut

Frahim, J., Huang, Q., 2008. SSL Remote Access VPNs. Indianapolis: Cisco Press

Freier, A. et. al, 1996. INTERNET-DRAFT SSL 3.0, Kaptitel 1, Introduction, Online verfügbar unter: http://www.mozilla.org/projects/security/pki/nss/ssl/draft302.txt Stand: 5. 10. 2009

Lipp, M., 2006. VPN - Virtuelle Private Netzwerke. Aufbau und Sicherheit. München: Addison-Wesley Verlag

Modadugu, N., Rescorla, E., 2004. The Design and Implementation of Datagram TLS, Proceedings of NDSS 2004, online verfübar unter: http://crypto.stanford.edu/~nagendra/papers/dtls.pdf, Stand 8. 10. 2009

Wyler, N., 2007. Juniper(r) Networks Secure Access SSL VPN Configuration Guide. Burlington: Syngress

BEI GRIN MACHT SICH IHR WISSEN BEZAHLT

- Wir veröffentlichen Ihre Hausarbeit,
  Bachelor- und Masterarbeit

- Ihr eigenes eBook und Buch -
  weltweit in allen wichtigen Shops

- Verdienen Sie an jedem Verkauf

Jetzt bei www.GRIN.com hochladen
und kostenlos publizieren

www.ingramcontent.com/pod-product-compliance
Lightning Source LLC
La Vergne TN
LVHW042321060326
832902LV00010B/1651